jamie
& friends

Cocktails

jamie
& friends

Willkommen

© David Loftus

Ein oder zwei Cocktails sind ein großartiger Auftakt für eine Abendgesellschaft! Hier macht es sich bezahlt, den Details besondere Aufmerksamkeit zu schenken. Servieren Sie die Cocktails in hübschen, individuell gestalteten Gläsern und bereiten Sie einige einfache, aber köstliche Häppchen zu, wie Brote mit hausgemachten Aufstrichen und andere Kleinigkeiten, damit die Gäste den Abend über zugreifen können. Stellen Sie Eiswürfel, Zutaten und Shaker bereit und machen Sie sich ans Werk!

Jamie Oliver ist ein Phänomen in der Kochwelt. Er gehört zu den beliebtesten Persönlichkeiten im Fernsehen und zu den bekanntesten Gesichtern Großbritanniens.

Jamie hat die Menschen dazu gebracht, mehr Zeit in der Küche zu verbringen und sogar ihre eigenen Gemüsegärten zu pflegen. Seine Sendungen werden in über 100 Ländern ausgestrahlt, darunter Deutschland, USA, Australien, Südafrika, Brasilien, Japan und Island. Seine Kochbücher werden in mehr als 30 Sprachen übersetzt und sind weltweit Bestseller.

Die Restaurantkette *Jamie's Italian* ist im Vereinigten Königreich äußerst beliebt. Das 2002 eröffnete Restaurant The Fifteen ermöglicht benachteiligten jungen Menschen eine Ausbildung in den drei über die Welt verteilten Lokalen, die nur hochwertige Produkte verwenden. Sein neues Londoner Restaurant, Barbecoa, wurde in Zusammenarbeit mit dem amerikanischen Koch Perry Lang eröffnet. Jamie pendelt zwischen London und Essex. Er ist verheiratet mit Jools und hat vier Kinder: Poppy, Daisy, Petal und Buddy.

15

35

44

52

70

Savoy
OCKTAIL
BOOK
79

INHALT

ALKOHOLFREIE COCKTAILS

REZEPTE

Limonen-Ingwer-Cocktail • Virgin Mojito mit Apfel • Süßer Planteur • Rhabarbersirup • Smoothie für Marathonläufer • Sellerie-Trauben-Saft • Ananas-Himbeer-Smoothie • Banane-Vanille-Smoothie • Limonade mit Honig und Granatapfel

Für 4 Gläser

LIMONEN-INGWER-COCKTAIL

von Laura Fyfe

ZUTATEN

- Einige Stängel Minze
- 1 großes Stück Ingwer
- 125 g Zucker
- 125 ml Wasser
- Sodawasser, Saft und Viertel von 1 Bio-Limone sowie Minzeblätter, zum Auffüllen und Garnieren
- Eiswürfel

Wenn Sie möchten, können Sie noch etwas Rum, Gin oder Wodka in den Zitronen-Ingwer-Cocktail geben.

1 Von der Minze die Blätter abzupfen und waschen. Den Ingwer schälen und in sehr dünne Scheiben schneiden.

2 In einem Topf Zucker, Wasser, Minzeblätter und Ingwer mischen. Bei starker Hitze aufkochen. Anschließend die Temperatur reduzieren und die Mischung 10 Minuten sieden lassen, bis sie reduziert ist, ohne sich jedoch zu verfärben.

3 Den gewonnenen Sirup abkühlen lassen, anschließend in den Kühlschrank stellen. So hält er sich maximal eine Woche.

4 Zum Servieren verdünnen Sie den kalten Sirup nach Geschmack mit etwas Limonensaft und Sodawasser. Alles vorsichtig mischen und einige Eiswürfel zugeben. Mit frischen Minzeblättern und 1 Limonenviertel garnieren. Die übrigen Gläser ebenso zubereiten.

Loftus

Für 1 Glas

VIRGIN MOJITO MIT APFEL

von Andy Harris

ZUTATEN

- 12 Minzeblätter
- 15 ml Saft von 1 Limone (etwa 1 EL)
- 50 ml kalter Apfelsaft
- 20 ml Zuckersirup (siehe unten)
- Ingwerlimonade (z. B. Canada Dry®), zum Auffüllen
- *Crushed Ice* (zerstoßenes Eis) und Eiswürfel

1 Die Minzeblätter waschen und trocken schütteln.

2 Die Hälfte der Minzeblätter mit einem Stößel oder Messergriff in einem Glas zerdrücken. Limonen-, Apfelsaft und Zuckersirup zugießen.

3 Das Glas zur Hälfte mit Crushed Ice füllen und das Eis mit einem Stößel zerdrücken. Einige Eiswürfel zugeben und mischen, vor dem Servieren mit Ingwerlimonade auffüllen.

Zuckersirup

In einem Topf Wasser und Zucker zu gleichen Teilen mischen. Bei starker Hitze aufkochen, anschließend die Temperatur reduzieren und die Mischung 10 Minuten sieden lassen, bis sie reduziert ist, ohne sich jedoch zu verfärben.

PARMESAN-GRISSINI

In einer großen Schüssel 300 g Mehl, 7 g Trockenhefe und ½ Teelöffel Salz mischen. 200 ml lauwarmes Wasser unterrühren.
Die Arbeitsfläche leicht mit Mehl bestäuben und den Teig darauf kneten, bis er glatt ist. Den Teig in eine mit etwas Öl gefettete Schüssel legen, mit Frischhaltefolie abdecken und an einem warmen Ort 1½ Stunden gehen lassen, bis er sein Volumen verdoppelt hat. Den Backofen auf 200 °C vorheizen.
Den Teig wieder auf die Arbeitsfläche legen und mit der Faust daraufklopfen, damit Luft entweichen kann. 15 g Parmesan (frisch gerieben) einarbeiten und 24 Teigkugeln formen. Drei Backbleche mit etwas Mehl bestäuben. Jede Teigkugel zu einer dünnen, etwa 28 cm langen Stange rollen. Auf die Backbleche legen, mit Frischhaltefolie abdecken und 20 Minuten gehen lassen. Die Teigstangen mit etwas Parmesan (5 g) bestreuen und die Grissini 20 Minuten im Ofen backen, bis sie leicht gebräunt sind. Auf einem Kuchengitter abkühlen lassen und zum Cocktail servieren.

Für 1 Glas

SÜSSER PLANTEUR

von Andy Harris

ZUTATEN

- 75 ml kalter Apfelsaft
- 20 ml Himbeersirup (siehe Seite 45)
- 15 ml Saft von 1 Limone
- 75 ml kalter weißer Traubensaft
- Eiswürfel

1 Alle Zutaten in den Shaker geben und mischen. Kräftig schütteln.

2 Den Cocktail durch ein Sieb streichen und in ein mit Eiswürfeln gefülltes Glas gießen.

Eine fruchtige, alkoholfreie Version des Planteur!

HALLOUMI-SPIESS

In einer großen Schüssel 2 Knoblauchzehen (gehackt), 4 Frühlingszwiebeln (in dünne Scheiben geschnitten), 1 kleine rote Chilischote (gehackt), 10 Stängel Koriandergrün (Blätter gehackt), 10 Stängel Minze (Blätter gehackt) und 60 ml Olivenöl mischen. Von 2 Bio-Zitronen die Schale fein abreiben und 3 Zitronen auspressen. Zitronenschale und -saft unter die Marinade mischen. 250 g Halloumi (in 24 Würfel geschnitten) und 150 g Focaccia (in 12 Würfel geschnitten) zugeben. Vorsichtig alles mischen, mit Frischhaltefolie abdecken und im Kühlschrank 1 Stunde marinieren.
2 Zucchini mit einem Sparschäler in 12 lange Streifen schneiden. 1 rote Paprikaschote in 12 Stücke schneiden. Auf jeden Spieß im Wechsel 2 Halloumi- und 1 Focacciawürfel, 1 zusammengefalteten Zucchinistreifen, 1 Stück Paprika und 1 Kirschtomate stecken. Eine Grillpfanne erhitzen, etwas Öl hineingeben und die Halloumi-Spieße 5–10 Minuten unter häufigem Wenden grillen. Heiß zum Cocktail servieren.

Für 250 ml Sirup

RHABARBERSIRUP

von Kate McCullough

ZUTATEN

- 1,5 kg Rhabarber
- Zucker
- Saft von 1 Zitrone

1 Die Blätter von den Rhabarberstangen abschneiden, die Stangen waschen, schälen und grob hacken.

2 In einem Topf den Rhabarber mit 75 ml Wasser bei schwacher Hitze erhitzen. Langsam garen, bis der Rhabarber beginnt, Saft zu ziehen, dann die Temperatur erhöhen. So lange weitergaren, bis der Rhabarber weich ist.

3 In eine große Schüssel ein sauberes Geschirrtuch legen, den Rhabarber in das Geschirrtuch abgießen. Die Ecken des Geschirrtuchs verknoten. Das Tuch mehrere Stunden über der Schüssel hängen lassen, damit der Rhabarber abtropfen kann.

4 Den gewonnenen Rhabarbersaft abmessen. Pro Liter Rhabarbersaft 750 g Zucker und 75 ml Zitronensaft zugeben. Alles in einen Topf gießen und bei mittlerer Hitze erhitzen. Dabei so lange rühren, bis sich der Zucker auflöst. Den Herd abschalten, bevor der Saft zu kochen beginnt. Den Sirup in sterilisierte Flaschen füllen und die Flaschen gut verschließen.

5 Ein Teil Sirup mit drei Teilen stillem Wasser oder Sodawasser in Gläsern vermischt servieren.

Für 2 Gläser

SMOOTHIE FÜR MARATHONLÄUFER

von Andrew Parkinson

Genau das Richtige, um sich nach einem 42 Kilometerlauf wieder zu erholen!

ZUTATEN

- 1 reife Avocado
- 2 Kiwis
- 1 große Gurke
- 500 ml kalter Apfelsaft
- 1 große Tasse Eiswürfel

1 Die Avocado halbieren, den Kern entfernen, die Haut abschälen. Die Kiwis und die Gurke schälen.

2 Alle Zutaten in einen Mixer geben und so lange mixen, bis eine dickflüssige Mischung entstanden ist.

3 Den Smoothie in einen Krug oder in Gläser füllen und servieren.

Der **Smoothie** (auf Deutsch »glatt«, »cremig« »homogen«) ist ganz allgemein ein Getränk aus frischem gemixtem Obst oder Gemüse, meist mit zerstoßenem Eis. Ein **Milchshake** wird hingegen mit Eiscreme zubereitet.

© Sam Stowell

Für 1 Glas

SELLERIE-TRAUBEN-SAFT

von Andy Harris

ZUTATEN

- 2 große Stangen Sellerie
- 50 weiße Weinbeeren (etwa 2 Trauben)

1 Die Blätter vom Sellerie entfernen, anschließend möglichst viele Fäden von den Stängeln abziehen. Die Weinbeeren entkernen.

2 Sellerie und Trauben in den Entsafter geben. Säfte mischen und servieren.

Für 1 Glas

ANANAS-HIMBEER-SMOOTHIE

von Andy Harris

ZUTATEN

- 180 g Ananas
- 1 Orange
- 12 Himbeeren
- Eiswürfel

1 Die Ananas schälen und den harten Strunk in der Mitte herausschneiden. Das Fruchtfleisch in grobe Stücke hacken. Die Orange schälen und auch die bittere weiße Haut entfernen.

2 In einem Mixer alle Zutaten mit einigen Eiswürfeln mixen, dann servieren.

Für 1 Glas

BANANE-VANILLE-SMOOTHIE

von Andy Harris

ZUTATEN

- 1 große Banane
- 125 g Natur- oder Vanillejoghurt
- 1 EL Honig
- 35 ml Vanillesirup (nach Belieben)
- Eiswürfel

1 Die Banane schälen und in Stücke schneiden.

2 In einem Mixer alle Zutaten mit einigen Eiswürfeln mixen. Vanillesirup nur bei Verwendung von Naturjoghurt zugeben, sonst weglassen. Sofort servieren.

Varianten

Wer tropische Aromen liebt, kann bei diesem Rezept etwas Limonensaft zugeben. Sie können auch die Vanille durch 100 g Himbeeren ersetzen. In diesem Fall Natur- oder Bananenjoghurt verwenden.

Für 2 Liter

LIMONADE MIT HONIG UND GRANATAPFEL

von Kevin Gould

ZUTATEN

- 5 Limonen
- 8 EL flüssiger Honig
- 1,5 l kaltes Sodawasser
- Eiswürfel
- 2 Granatäpfel (siehe Anmerkung Seite 48)

1 Die Limonen sollten Zimmertemperatur haben. Rollen Sie die Früchte mehrmals mit kräftigem Druck unter der Handfläche. Anschließend den Saft auspressen.

2 In einem Krug Limonensaft und Honig verrühren. Mit Sodawasser mischen, Eiswürfel zugeben.

3 Die Granatäpfel mit Druck unter der Handfläche rollen, mit einem scharfen Messer am Stiel zwei Einschnitte machen. Die Kerne herauslösen, in eine große Schüssel geben und mit den Händen den Saft herauspressen. Den Granatapfelsaft abseihen und dann langsam zur Limonenmischung gießen.

Granatapfel-Eiswürfel

Wenn Sie das Getränk am Vortag zubereiten, können Sie den Granatapfelsaft in einen Eiswürfelbereiter mit 12 Vertiefungen (mit Wasser auffüllen) geben und diesen ins Gefrierfach stellen. Die Eiswürfel direkt vor dem Servieren in die Limonade geben.

WODKA

REZEPTE

Gewürz-Wodka • Cosmopolitan • Sea Breeze • Zitroniger Granatapfel-Wodka • Bloody Mary

Für 1,25 Liter

GEWÜRZ-WODKA

von Georgie Socratous

ZUTATEN

- 1 Vanilleschote
- 1 Bio-Orange
- 1 Bio-Zitrone
- 1l Wodka
- 50g geschälte Mandeln
- 40g weißer Rohrzucker
- 2 EL flüssiger Honig
- 2 Stangen Zimt
- 6 Gewürznelken
- 1 Sternanis
- 2 Lorbeerblätter
- Eiswürfel oder lauwarmer Apfelsaft, zum Servieren

1 Die Vanilleschote der Länge nach aufschlitzen und mit einem spitzen Messer das Mark herausschaben. Die Orange und die Zitrone schälen, dabei darauf achten, die bittere weiße Haut nicht mit abzuziehen. Die Schalen in dünne Streifen schneiden.

2 Eine Flasche mit einem Fassungsvermögen von 1,25 Liter sterilisieren. Alle Zutaten in die Flasche füllen und gut mischen. Die Flasche verschließen und mindestens zwei Wochen stehen lassen, dabei einmal pro Woche schütteln.

3 Servieren Sie Ihren Gästen den Gewürzwodka in der Flasche, damit sie alle Zutaten sehen können oder seihen Sie ihn zuvor ab und füllen ihn in kleinere sterilisierte Flaschen. Der Wodka schmeckt sowohl mit Eiswürfeln als auch mit lauwarmem Apfelsaft vermischt einfach köstlich.

© David Loftus

Für 1 Glas

COSMOPOLITAN

von Andy Harris

ZUTATEN

- 1 Teil Wodka
- 1 Teil Triple Sec
- 3 Teile Cranberrysaft
- 1 EL Saft von 1 Limone
- Eiswürfel

1 In einem Shaker alle Zutaten mischen. Gut schütteln.

2 Das Getränk in ein gekühltes Cocktailglas gießen und servieren.

Für 1 Glas

SEA BREEZE

von Andy Harris

ZUTATEN

- 1 Teil Wodka
- 2 Teile Grapefruitsaft
- 3 Teile Preiselbeersaft oder Cranberrysaft
- Eiswürfel
- Schale von 1 Bio-Orange, zum Garnieren

1 Die Zutaten mit Eiswürfeln im Shaker mischen. Kräftig schütteln, abseihen und in ein mit Eiswürfeln gefülltes Glas geben. Mit Orangenschalen garnieren.

RÄUCHERLACHS-TARTELETTES MIT KRÄUTERN

Mit einer Gabel 125 g Ziegenfrischkäse in einer kleinen Schüssel zerdrücken und dabei 1 Teelöffel gemischte Kräuter (z. B. Dill, Minze, Petersilie und Schnittlauch, kleingeschnitten) untermischen. Mit Salz und frisch gemahlenem schwarzem Pfeffer würzen.
Die Räucherlachsscheiben (insgesamt 125 g) auf die Arbeitsfläche legen und gleichmäßig mit etwas Kräuterkäse bestreichen. Die Lachsscheiben aufrollen. Vorgebackene Tartelettes auf die gleiche Größe zuschneiden und die Lachsröllchen auf diesen verteilen. Vor dem Servieren mit etwas Dill garnieren.

Für 1 Glas

ZITRONIGER GRANATAPFEL-WODKA

von Andy Harris

ZUTATEN

- 1 Zitrone
- 1 Teil Wodka
- 3 Teile Granatapfelsirup (siehe Anmerkung Seite 48)
- Eiswürfel
- Sodawasser, zum Auffüllen

1 Die Zitrone auspressen, falls nötig den Saft abseihen.

2 In einem Shaker Wodka, Granatapfelsirup und Zitronensaft mischen. Kräftig schütteln.

3 Den Cocktail in ein mit Eiswürfeln gefülltes Glas gießen und nach Belieben mit Sodawasser auffüllen.

POPCORN MIT GEWÜRZKARAMELL

In einem großen Topf etwas Öl erhitzen. 400 g Maiskörner in den Topf geben, Topf zudecken und die Temperatur reduzieren. Den Topf ungefähr alle 30 Sekunden kräftig schütteln, damit die Körner nicht anbrennen. Sobald die Körner aufpoppen, den Deckel nicht mehr öffnen! Inzwischen den Karamell zubereiten. 200 g weißen Rohrzucker und 100 ml Wasser in einen Topf geben und bei mittlerer Hitze aufkochen. So lange kochen lassen, bis das Wasser reduziert ist und der Sirup eine schöne Karamellfarbe annimmt. Wenn die Maiskörner fertig gepoppt sind, den Topf vom Herd nehmen und die Körner in eine tiefe, ofenfeste Form füllen. Karamell vorsichtig darübergießen und mit einem Löffel mischen. Das Popcorn mit 1 Esslöffel Zimt und 1 Prise Salz bestreuen. Etwas Muskatnuss darüberreiben und mit der abgeriebenen Schale von 1 Bio-Orange bestreuen. Alles gut mischen, damit das Popcorn mit den Gewürzen überzogen ist. Den Karamell abkühlen lassen und warten, bis er völlig hart geworden ist, dann das Popcorn zerbrechen und servieren.

Für 1 Liter

BLOODY MARY

von Ginny Rolfe

ZUTATEN

- 1 Stück Meerrettich (etwa 1 cm)
- ½ Zitrone
- 1 l Tomatensaft
- ½ TL Tabasco®
- 1 TL Worcestersauce
- 1 TL Selleriesalz
- Kalter Wodka und Sherry pimenté (nach Belieben)
- Eiswürfel, Selleriesalz und 1 Stange Sellerie, zum Garnieren

1 Den Meerrettich schälen und reiben. Die halbe Zitrone auspressen.

2 In einem Krug alle Zutaten (mit Ausnahme des Alkohols) mischen. Alles abschmecken und in den Kühlschrank stellen.

3 Den Cocktail in mit Eiswürfeln gefüllten Gläsern servieren. Jedes Glas nach Belieben mit 1 Prise Selleriesalz und 1 Stange Sellerie garnieren. 1–2 Teile Wodka und etwas Sherry pimenté zugießen.

VERSCHIEDENE HÄPPCHEN

In einer Schüssel 1 Esslöffel Sahnemeerrettich, 2 Esslöffel Crème fraîche, 1 Prise Pfeffer und etwas Zitronensaft mischen. 120 g Räucherlachs (in Streifen geschnitten) auf 10–12 Cracker verteilen. Jeweils ein kleines Häufchen Meerrettichmischung daraufsetzen und mit Schnittlauch (gehackt) bestreuen.
Die Blätter von 2 Kopfsalaten ablösen. In einer Schüssel 1½ Esslöffel Mayonnaise, 1½ Esslöffel Ketchup und etwas Worcestersauce mischen. 200 g Garnelen (gekocht und geschält) untermischen. Mit Salz und Pfeffer würzen und mit ½ Esslöffel Zitronensaft beträufeln. Die Salatblätter auf einem Teller verteilen und mit der Garnelenmischung füllen. Sofort mit Zitronenschalen servieren.
1 Birne schälen und in Scheiben schneiden. 25 g Pecorino reiben und mit 2½ Esslöffeln Crème fraîche mischen. Diese Mischung auf 14 Cracker streichen. Mit Birnenscheiben, etwas Brunnenkresse und einigen Pecorinospänen garnieren. Die Birne-Pecorino-Cracker, Räucherlachs-Meerrettich-Cracker und Garnelenschälchen zum Cocktail servieren.

GIN

REZEPTE

Für 4 Gläser

GIN-FEIGEN-COCKTAIL

von Georgie Socratous

ZUTATEN

- 6 Feigen
- 20 cl Gin
- 4 EL Johannisbeerkonfitüre
- 300 ml Tonic Water (z. B. Schweppes®), zum Auffüllen
- Eiswürfel

1 Von 5 Feigen die Stiele abschneiden, dann die Früchte mit dem Gin und der Johannisbeerkonfitüre in einem Mixer mixen.

2 Die Mischung in 4 Gläser gießen, mit Tonic Water auffüllen. Gut mischen und einige Eiswürfel zugeben.

3 Die übrige Feige vierteln und die Gläser damit garnieren.

VERSCHIEDENE DIPS

Artischocken-Dip: In einem Mixer 1 Glas Artischockenherzen, 1 Knoblauchzehe (geschält), 1 Handvoll Petersilienblätter, 30 g geriebenen Parmesan, 2 Esslöffel Mayonnaise und 1 Spritzer Zitronensaft mischen. Den Dip in einer kleinen Schüssel anrichten.

Chili-Erdnuss-Dip: Hierzu in einer kleinen Schüssel ½ Glas Erdnussbutter, den Saft von 2 Limonen, 2 Esslöffel Sojasauce, 1 Teelöffel Honig und 1 Teelöffel Chilipulver mischen. Zum Garnieren mit 1 Prise Chilipulver bestreuen.

Dip aus weißen Bohnen: Im Mixer 400 g weiße Bohnen (aus der Dose), 150 g Frischkäse mit Knoblauch und Kräutern, 2 Esslöffel Zitronensaft und 1 Knoblauchzehe (geschält) mischen. Nach Geschmack mit Salz und Pfeffer würzen und servieren.

Für 2 Gläser

GIN-GURKEN-COCKTAIL MIT HIMBEERE

von Georgie Socratous

ZUTATEN

- 1 großes Stück Gurke (etwa 5 cm)
- einige Minzeblätter
- 1 große Handvoll Himbeeren
- 10 cl Gin
- 1 EL Zucker
- Eiswürfel
- Tonic Water (z. B. Schweppes®), zum Auffüllen

1 Die Gurke schälen und hacken. Die Minzeblätter waschen und trocken schütteln.

2 In einem Shaker die Himbeeren, die Gurke und die Minzeblätter mit einem Stößel oder dem Griff eines Messers zerdrücken. Gin und Zucker zugeben. Erneut zerdrücken, dann die Eiswürfel zugeben.

3 Den Shaker kräftig schütteln, die Mischung abseihen und in zwei Gläser gießen. Mit dem Tonic Water auffüllen.

© Sam Stowell

Für 1 Glas

BROMBEER-BLOODHOUND

von Nick Strangeway (auf dem Foto hinten)

ZUTATEN

- 5 cl Gin
- 1,5 cl roter Vermouth (z. B. Noilly Prat®)
- 1 cl weißer Vermouth (z. B. Noilly Prat®)
- 5 ml Zuckersirup (siehe Anmerkung Seite 15)
- 6–8 Brombeeren

1 Alle Zutaten in einen Shaker füllen und kräftig schütteln.

2 Die Mischung abseihen und in 1 kaltes Cocktailglas gießen.

Vor etwa 15 Jahren nannte man jedes Getränk, das in einem Cocktailglas serviert wurde, Martini. Insbesondere Martinis mit frischen Früchten (Wodka mit Früchten) erfreuten sich wachsender Beliebtheit. Es gibt jedoch einen noch besseren Cocktail, den Bloodhound.

Jeder kennt Cosmopolitan mit Wodka. Vor der Prohibition wurde dieser Cocktail in den USA jedoch mit Gin zubereitet. Hier ist meine Version.

Für 1 Glas

COSMOPOLITAN DAISY

von Nick Strangeway (auf dem Foto vorne)

ZUTATEN

- 6 Himbeeren
- 5 cl Gin
- 2 cl Orangenlikör (z. B.Cointreau®)
- 25 ml Saft von 1 Zitrone
- Eiswürfel

Himbeersirup

- 150 g Himbeeren
- 125 ml Wasser
- 125 g Zucker

1 Für den Himbeersirup die Himbeeren mit dem Wasser in einem Topf erhitzen. Wenn sie zu kochen beginnen, den Zucker zugeben und alles zu einem Sirup einkochen. Die Mischung abseihen, ohne die Früchte dabei zu zerdrücken, sonst wird Püree daraus.

2 Die 6 Himbeeren in den Sirup geben und mit einer Gabel zerdrücken. Mit den übrigen Zutaten in einen Shaker geben und mit Eiswürfeln kräftig schütteln. Die Mischung zweimal durch ein feines Sieb streichen, anschließend in 1 kalten Cocktailglas servieren.

RUM

REZEPTE

Grenadojito • Frozen Daiquiri mit Mango • Piña colada mit Honig • Watermelon Glory • Preiselbeer-Mojito • Jerky Mary • Gurken-Mojito • Caïpirinha mit Maracuja

Für 1 Glas

GRENADOJITO

von Andy Harris

ZUTATEN

- 4 Minzeblätter + 1 Stängel Minze, zum Garnieren
- 15 ml Saft von 1 Limone
- 25 ml Zuckersirup (siehe Seite 15)
- *Crushed Ice* (zerstoßenes Eis)
- 4,5 cl weißer Rum
- 30 ml Granatapfelsaft (siehe Anmerkung und Rezept Seite 26)
- Sodawasser, zum Auffüllen

1 In einem Whiskyglas die Minzeblätter mit einem Stößel zerdrücken und mit dem Limonensaft sowie dem Zuckersirup verrühren.

2 Crushed Ice zugeben, dann Rum und Granatapfelsaft angießen. Nach Geschmack mit Sodawasser auffüllen und mischen. Das Glas mit dem Minzestängel garnieren.

Granatapfelsaft schmeckt in Cocktails köstlich, ganz besonders in dieser einfachen und sommerlichen Variante des klassischen Mojitos.

Der **Granatapfel** ist die Frucht des Granatapfelbaums, der hauptsächlich in West- und Mittelasien wächst. Die Frucht hat die Form eines Apfels, seine »Schale« ist jedoch relativ hart. Innen verbergen sich rund 400 Kerne, die von zahlreichen Zwischenwänden getrennt werden. Die sehr empfindlichen, hellrosa bis dunkelroten Kerne enthalten viel Saft und schmecken leicht säuerlich.

Für 1 Glas

FROZEN DAIQUIRI MIT MANGO

von Andy Harris

ZUTATEN

- 1 sehr reife Mango
- 1 Teil weißer Rum
- 1 TL Zuckersirup (siehe Seite 15)
- Eiswürfel

1 Die Mango schälen, das Fruchtfleisch vom Kern lösen und hacken.

2 Alle Zutaten in einem Mixer mit einigen Eiswürfeln zu einer glatten Flüssigkeit mixen.

3 Sofort in ein Glas füllen und nach Geschmack einige Eiswürfel zugeben.

Variante

Wenn Sie möchten, können Sie zu diesem Cocktail auch noch etwas Limonensaft zugeben und das Glas mit 1 Limonenscheibe garnieren.

© Sam Stowell

© Sam Stowell

Für 4 Gläser

PIÑA COLADA MIT HONIG

von Andy Harris

ZUTATEN

- ½ Ananas + einige Scheiben, zum Garnieren
- 2 TL Honig + etwas Honig, zum Garnieren
- 200 ml Ananassaft
- 4 Teile brauner Rum
- 4 Teile Kokosmilch
- 4 Teile flüssige Sahne
- Eiswürfel

1 Die Ananas schälen und den harten Kern in der Mitte und eventuell »Augen« entfernen. Das Fruchtfleisch in große Stücke schneiden.

2 Im Mixer das Fruchtfleisch mit dem Honig, dem Ananassaft und einigen Eiswürfeln zu einer glatten Flüssigkeit mixen. Die restlichen Zutaten zugeben und gut vermischen.

3 Den Cocktail in die Gläser gießen und mit etwas Honig und Ananasstücken garnieren.

Für 2 Gläser

WATERMELON GLORY

von Andy Harris

ZUTATEN

- 400 g Wassermelone
- 2 Teile brauner Rum
- 1–2 EL Vanillesirup
- Eiswürfel
- Spalten 1 Wassermelone, zum Garnieren

1 Die Wassermelone schälen, Kerne entfernen und das Fruchtfleisch in grobe Stücke schneiden.

2 In einem Mixer die Wassermelone mit Rum, Vanillesirup und einigen Eiswürfeln mixen.

3 Den Cocktail in Gläser füllen und mit Wassermelonenspalten garnieren.

Für 10 Gläser

PREISELBEER-MOJITO

von Anna Jones

ZUTATEN

- 10 Bio-Limonen
- 1 kleines Bund Minze
- 200 g Preiselbeeren
- 10 EL brauner Zucker
- 1 großer Beutel Eiswürfel
- 50 cl brauner Rum
- 1 l Sodawasser

1 Die Limonen vierteln. Die Minzeblätter abzupfen und waschen. In jedes Glas 1 Limonenviertel, einige Preiselbeeren, einige Minzeblättchen und 1 Esslöffel braunen Zucker geben. Die Gläser bis zum Servieren in den Kühlschrank stellen.

2 Mit einem Stößel oder dem Griff eines Messers Limone, Preiselbeeren und Minze in den Gläsern vorsichtig zerstoßen, sodass die Früchte Saft abgeben und der Zucker sich auflöst.

3 Die Eiswürfel mit einem Geschirrtuch bedecken und mit einem Teigroller zerstoßen. Jedes Glas mit dem zerstoßenen Eis füllen.

4 In jedes Glas 5 cl Rum gießen und mit Sodawasser auffüllen. Gut vermischen. Mit Minze garnieren und servieren.

Der perfekte Cocktail für Weihnachten mit einem wärmenden Hauch von Rum und Zucker. Schmeckt auch mit etwas Muskatnuss sehr lecker.

GERÄUCHERTE TORTILLAS UND CHILISALSA

In einer heißen Grillpfanne 2 rote Zwiebeln (geviertelt) grillen, abkühlen lassen, hacken und in eine Schüssel geben. 200 g rote Piquillo-Paprika (aus der Dose), 1 rote Chilischote und 800 g Tomaten (aus der Dose) würfeln. Mit den Zwiebeln mischen. ½ TL Zimt, die Blättchen einiger Petersilien- und Oreganostängel sowie Schale und Saft von 1–2 Bio-Limonen zugeben. Alles mit Salz und Pfeffer würzen. Den Backofen auf 200 °C vorheizen. 10 Weizentortillas übereinanderlegen und achteln. Die Dreiecke auf zwei Backbleche legen, salzen, pfeffern und mit geräuchertem Paprikapulver, gemahlenem Kreuzkümmel und abgeriebener Schale von 1 Bio-Zitrone bestreuen, zum Schluss mit etwas Olivenöl beträufeln. Mischen, damit die Dreiecke von beiden Seiten gewürzt werden. Die Dreiecke in einer Lage auf den Blechen verteilt 5–8 Minuten im Ofen backen. Die Tortillas mit der Salsa servieren.

Stowell

Für 4 Gläser

JERKY MARY

von Andy Harris

ZUTATEN

- 1 Limone
- 4 Teile weißer Rum
- 500 ml Tomatensaft
- 1½ TL *Jerk-Gewürz* (scharf-süße Gewürzmischung aus Jamaika)
- Eiswürfel
- Viertel von 1 Gurke, zum Garnieren

1 Die Limone auspressen und, falls nötig, den Saft abseihen.

2 Rum, 200 ml Tomatensaft, die Gewürze und den Limonensaft in den Shaker geben. Einige Eiswürfel zugeben und kräftig schütteln.

3 Den Cocktail in Gläser gießen. Mit dem restlichen Tomatensaft auffüllen und mit den Gurkenvierteln garnieren.

TORTILLAS MIT GUACAMOLE UND SALSA

Den Backofen auf 200 °C vorheizen und ein Backblech mit Backpapier auslegen. 8 Weizentortillas in Dreiecke schneiden. In einer Schüssel 1 Teelöffel Cayennepfeffer, 3 Teelöffel Kreuzkümmel, 3 Esslöffel Rapsöl und 1 Prise Salz mischen. Die Tortil adreiecke mit dieser Gewürzmischung überziehen. Auf dem Backblech ausbreiten und im Ofen 5–6 Minuten backen. Auf einem Gitter abkühlen lassen. Den Backofen nicht ausschalten. Für die Salsa 4 Tomaten (halbiert) mit 1 Knoblauchzehe (geschält und gehackt) 20 Minuten im Backofen braten. 2 Tomatenhälften zurückbehalten, den Rest mit dem Knoblauch in einem Mixer mixen. Die zurückbehaltenen Tomaten hacken und mit den gehackten Blättern von 2 Oreganostängeln zu der Mischung geben. Alles mit Salz und Pfeffer würzen. Für die Guacamole das Fruchtfleisch von 2 Avocados mit einer Gabel in einer Schüssel zerdrücken. Schale und Saft von 1 Bio-Limone unterrühren. ½ rote Chilischote (fein gehackt), 1 Schalotte (fein gehackt) und einige Blätter Koriandergrün (klein geschnitten) dazugeben. Mit Salz und Pfeffer würzen und mit den Tortilla-Chips und der Salsa servieren.

Für 1 Glas

GURKEN-MOJITO

von Matthew Roher

ZUTATEN

- 85 g Gurke
- 1 kleine Handvoll Minzeblätter
- 60 ml Rohrzuckersirup
- 60 ml Saft von 1 Limone
- 4,5 cl weißer Rum
- Sodawasser, zum Auffüllen
- Eiswürfel und Minzeblätter, zum Garnieren

1 Die Gurke schälen und würfeln. Die Minzeblätter waschen und trocken schütteln.

2 In einem Shaker Gurke und Minzeblätter mit einem Stößel zerdrücken. Rohrzuckersirup, Limonensaft und Rum dazugießen. Kräftig schütteln.

3 Den Cocktail durch ein Sieb in ein Glas mit Eiswürfeln gießen. Nach Geschmack mit Sodawasser auffüllen und mit Minzeblättchen garnieren.

Dieses Rezept haben wir direkt aus dem Restaurant Cha Bella im Bundesstaat Georgia in den USA übernommen.

FRITTIERTE ZUCCHINI UND TOMATENSALSA

Eine Fritteuse auf 180 °C erhitzen. In einer Schüssel 3 Esslöffel Mehl mit 1 Teelöffel Fenchelsamen (zerdrückt) mischen. Mit Salz und Pfeffer würzen. In einer zweiten Schüssel 2 Eier verquirlen. In eine dritte Schüssel 250 g Paniermehl geben. 1 Zucchini der Länge nach in dünne Scheiben schneiden. Jede Zucchinischeibe in Mehl, dann in Ei und zum Schluss in Paniermehl wälzen. Für die Salsa in einer Schüssel 2 Tomaten (gehackt), 1 Chilischote (gehackt), den Saft von 1 Limone, 10 Basilikumblätter (klein geschnitten) und 1 Schalotte (gewürfelt) mischen. Mit Salz und Pfeffer würzen. Mehrere Zucchinistreifen gleichzeitig frittieren, auf Küchenpapier abtropfen lassen und warm halten, während die restlichen Streifen frittiert werden. Die frittierten Zucchini salzen und mit der Salsa servieren.

Für 1 Glas

CAÏPIRINHA MIT MARACUJA

von Andy Harris

ZUTATEN

- ½ Bio-Limone
- 1 EL brauner Zucker
- Fruchtfleisch von 1 Passionsfrucht (Maracuja)
- *Crushed Ice* (zerstoßenes Eis)
- *Cachaça* (brasilianischer Rum)

1 Die Limone vierteln und in ein Glas geben. Den braunen Zucker zugeben, mit einem Löffel mischen, bis sich der Zucker auflöst.

2 Das Maracuja-Fruchtfleisch eventuell durch ein Sieb streichen und ins Glas geben, mit Crushed Ice bedecken. Eine großzügige Menge Cachaça dazugießen, alles mischen und servieren.

Die **Passionsfrucht (Maracuja)** (auf Kreolisch »maracudja«) ist die Frucht einer Kletterpflanze aus der Familie Passiflora. Ursprünglich stammt sie aus Südamerika und der Karibik. Es gibt Hunderte verschiedener Arten. Die Frucht ist außen dunkelviolett, innen hat sie schwarze Kerne, die von einem relativ sauren Fruchtfleisch umhüllt sind, das angenehm süß wird, wenn die Frucht ausgereift ist.

© David Loftus

WEINE & BIERE

REZEPTE

Himbeer-Bellini • Aprikosen-Bellini • Prosecco zum Auftakt des Abends • Punsch für Nachtschwärmer • Bishop • Himbeer-Sbagliato • St. Clements Tutti-Frutti • Warmer Gewürz-Cidre • Zitrone-Ingwer-Bier

© Dan Jones

Für 4 Gläser

HIMBEER-BELLINI

von Phillippa Spence

ZUTATEN

- 300g Himbeeren
- 75cl Prosecco, gut gekühlt (weißer italienischer Perlwein)

1 Die Himbeeren in eine hohe Schüssel geben und mit einem Stabmixer vorsichtig pürieren.

2 Das Püree durch ein feines Sieb streichen, um die Kerne zu entfernen. Kalt stellen.

3 Den Prosecco zugießen und mischen. Den Bellini in hohen Gläsern servieren. Falls nötig noch mit etwas Prosecco auffüllen.

Für 4 Gläser

APRIKOSEN-BELLINI

von Laura Fyfe

ZUTATEN

- 4 Aprikosen
- 2 EL Puderzucker
- 75 cl Prosecco, gut gekühlt (weißer italienischer Perlwein)

© Dan Jones

1 Die Aprikosen entkernen und vierteln. Aprikosen und Puderzucker in einen Topf geben und mit Wasser bedecken. 20 Minuten kochen lassen.

2 Wenn die Aprikosen weich sind, mit einem Stabmixer oder in einem Standmixer zu einem glatten Püree verarbeiten. Das Püree durch ein Sieb streichen und abkühlen lassen.

3 In jede Sektflöte etwas Aprikosenpüree geben und mit Prosecco auffüllen. Sofort servieren.

Für 1 Glas

PROSECCO ZUM AUFTAKT DES ABENDS

von Jamie Oliver

ZUTATEN

- Prosecco, gut gekühlt (weißer italienischer Perlwein)

Mögliche weitere Zutaten

- 1 Clementine
- ½ oder 1 Limone
- ¼ Grapefruit
- Granatapfelsaft (siehe Seite 26 und Anmerkung Seite 48)
- Fruchtfleisch von ½ Passionsfrucht (Maracuja; siehe Anmerkung Seite 60)
- Holunder- oder Brombeersirup

1 Die Champagnerflöten 1 Stunde vor dem Servieren ins Gefrierfach stellen, damit sie schön kalt sind.

2 Vor dem Servieren die Zitrusfrucht Ihrer Wahl ins Glas pressen oder den Granatapfelsaft, den Sirup bzw. das Fruchtfleisch der Passionsfrucht ins Glas geben. Mit Prosecco auffüllen. Sofort servieren.

HUMMUS AUF DREIERLEI ART

Im Mixer 1 Dose abgetropfte Kichererbsen, 1 Esslöffel Tahini (Sesampaste), 2 Knoblauchzehen (geschält), den Saft von 1 Zitrone und 3 Esslöffel Olivenöl mixen. Mit Salz und Pfeffer würzen und, falls nötig, noch etwas Öl unterrühren. Sie können den Hummus so genießen oder noch 1 Teelöffel Harissa unterrühren oder ihn mit 3–4 gegrillten roten Paprikaschoten mischen. Mit halbierten, getoasteten Pitabroten und knackiger Rohkost servieren.

»Ich stelle den Prosecco in den Kühlschrank und schneide die Zitrusfrüchte und anderen Früchte, bevor die Gäste eintreffen. Jeder Gast kann dann seine Lieblingsfrucht in sein Glas pressen bzw. geben und perlen lassen«, erklärt Jamie. »So können sie die Fruchtsäfte immer wieder anders kombinieren oder die Gläser mit Fruchtstückchen je nach Geschmack garnieren!«

Für 3 Liter

PUNSCH FÜR NACHTSCHWÄRMER

von Nick Strangeway

ZUTATEN

- 50 cl Calvados
- 50 cl Schlehen-Gin
- 500 ml Saft von 1 Zitrone
- 500 ml Gewürzsirup (siehe Seite 73)
- 250 ml Zitronensirup
- 1,5 l Apfelsaft
- 1 l Cidre brut
- TK-Brombeeren, Apfel, klein geschnitten und Spalten von 1 Zitrone (nach Belieben)

Zitronensirup
- Abgeriebene Schale von 6 Bio-Zitronen
- 100 g feiner Zucker
- 200 ml Saft von 1 Zitrone

1 Für den Sirup die Zitronenschale mit dem Zucker in einer Schüssel mischen. Alles mit einem Stößel zerstoßen, dann den Zitronensaft zugeben. Falls nötig, alles in einem Topf leicht erhitzen, damit der Zucker sich auflöst. Die Mischung in eine sterile Flasche abseihen und im Kühlschrank aufbewahren.

2 Alle übrigen Zutaten in einem Topf zusammen mit den Brombeeren, den klein geschnittenen Äpfeln und Zitronenscheiben langsam erhitzen.

3 Den Punsch heiß in Schalen oder kalt in einer Schüssel servieren. Sie können den Punsch auch im Voraus zubereiten und in Flaschen aufbewahren. Den Cidre dann noch nicht hinzufügen und die Flaschen gekühlt aufbewahren.

© Sam Stowell

In Großbritannien markiert die »Zwölfte Nacht« (Heilig Dreikönig, am 5. Januar), den Vorabend des letzten Weihnachtstages. Früher wurde aus diesem Anlass in den Obstplantagen gefeiert. Der Brauch geht auf die heidnische Tradition zurück, die Obstbäume mit Liedern und bei einem Getränk zu segnen.

Für 1,5 Liter

BISHOP

von Nick Strangeway

© Sam Stowell

ZUTATEN

- 1 Stück Ingwer (etwa 2 cm)
- 4 Bio-Orangen
- 3 Bio-Zitronen
- 51 Gewürznelken
- 1 Stange Zimt
- 3 Pimentblätter
- 1 Prise Muskatnuss, frisch gerieben
- 70 cl vollmundiger Rotwein
- 12,5 cl Sherry
- 150 g Zucker
- Saft von ½ Zitrone
- Schale von 1 Bio-Zitrone
- Scheiben von 1 Bio-Orange, zum Garnieren

1 Den Backofen auf 180 °C vorheizen. Den Ingwer schälen und reiben. Jede Orange und jede Zitrone mit 8 Gewürznelken spicken und 15 Minuten in den Backofen legen, bis sie anfangen, zu karamellisieren. Aus dem Ofen nehmen und die Gewürznelken entfernen.

2 Inzwischen 250 ml Wasser mit Zimt, den restlichen Gewürznelken, Piment, Muskatnuss und Ingwer in einem Topf erhitzen, den Alkohol dazugießen. Wenn die Mischung zu sieden beginnt, Zucker, Zitronensaft und -schale zugeben. Bei schwacher Hitze 5–10 Minuten sieden lassen. Die gebratenen Zitrusfrüchte dazugeben und zerdrücken, um Saft und ätherische Öle freizusetzen.

3 Die Mischung durch ein Tuch abseihen und in sterilisierte Flaschen füllen. Im Kühlschrank aufbewahren. Zum Servieren die Mischung etwas erwärmen und mit Orangenscheiben garnieren.

Für 1 Glas

HIMBEER-SBAGLIATO

von Nick Strangeway

ZUTATEN

- 10 TK-Himbeeren
- 2 TL Zucker
- 2,5 cl Amaro rosso (z. B. Campari®)
- 2,5 cl Vermouth
- 12,5 cl Prosecco (weißer italienischer Perlwein)
- Eiswürfel

1 In einem Shaker Himbeeren und Zucker mischen. Amaro und Vermouth dazugießen. Alles leicht schütteln und dann abseihen.

2 Den Cocktail in 1 mit Eiswürfeln gefülltes Glas gießen. Nach Geschmack mit Prosecco auffüllen.

Ein sehr aromatischer Cocktail mit mäßigem Alkoholgehalt. Ein Weihnachtsfest ohne dieses Perlen im Glas wäre nicht vollständig! Der fruchtige Prosecco lässt auch am nächsten Morgen keine Reue aufkommen!

LAUCH-CHEDDAR-TARTE

300 g Mehl und 1 Prise Salz in eine Schüssel sieben. Die Blättchen von 4 Thymianstängeln zugeben und 150 g Butter einarbeiten, bis die Mischung wie feines Paniermehl aussieht. 50 ml Eiswasser zugeben und den Teig kneten. In Frischhaltefolie gewickelt 30 Minuten in den Kühlschrank legen. Den Backofen auf 180 °C vorheizen. In einer heißen Pfanne 1 Teelöffel Butter zerlassen, 4 Stangen Lauch (in Ringe geschnitten), einige Thymianstängel und 2 Lorbeerblätter in die Pfanne geben. 15 Minuten braten, dann die Lorbeerblätter herausnehmen und den Lauch abkühlen lassen. Inzwischen eine Form von 35 x 24 cm mit Backpapier auslegen und den Teig etwas größer als die Form ausrollen. Den Teig in die Form legen. Mit Backpapier abdecken und mit getrockneten Bohnen bedecken. 10 Minuten blind backen, Bohnen und Papier herausnehmen und den Teig weitere 5–8 Minuten backen. In einer Schüssel den Lauch mit 150 g Cheddar (gerieben), 150 g gekochtem Schinken (klein geschnitten), 2 Eiern, 200 ml Milch und etwas Muskatnuss (frisch gerieben) mischen. Die Mischung auf den Teig streichen und mit Thymianstängeln garnieren. Die Tarte 20–25 Minuten backen. Aus dem Ofen nehmen und vor dem Servieren abkühlen lassen.

© Sam Stowell

Dieser süße, köstliche Sirup kann für Kinder oder Antialkoholiker mit Sodawasser verdünnt werden, alle anderen nehmen dafür spritzigen Prosecco.

Für 2 Liter

ST. CLEMENTS TUTTI-FRUTTI

von Anna Jones

ZUTATEN

- 6 große Bio-Orangen
- 6 Bio-Zitronen
- 6 Bio-Mandarinen oder Bio-Clementinen
- 2 Vanilleschoten
- 400g weißer Rohrzucker
- 4 Lorbeerblätter
- Sodawasser oder Prosecco (weißer italienischer Perlwein), zum Auffüllen

1 Mit einem Sparschäler von 2 Orangen lange dünne Streifen (Zesten) abziehen. Dasselbe bei 2 Zitronen und 2 Mandarinen machen. Alle Früchte auspressen. Die Vanilleschoten längs aufschlitzen und mit einer Messerspitze das Mark herausschaben.

2 Die Säfte in einen großen Topf gießen. Zesten und Zucker, Vanilleschoten und -mark, Lorbeerblätter und 300 ml Wasser zugeben. Aufkochen, dann den Topf vom Herd nehmen und etwa 30 Minuten ziehen lassen.

3 Den Sirup in sterilisierte Flaschen füllen, nach Belieben die Lorbeerblätter, Vanilleschoten und einen Teil der Zesten dazugeben, um den Sirup noch aromatischer und optisch attraktiver zu machen. Die Flaschen bis zum Gebrauch im Kühlschrank aufbewahren, der Sirup ist maximal 2 Wochen haltbar.

4 Zum Servieren die Gläser zu einem Drittel mit Sirup füllen und mit Sodawasser oder Prosecco auffüllen.

SÜSSKARTOFFEL-FRITTEN UND TOMATENSALSA

Den Backofen auf 220 °C vorheizen. In einer Schüssel 800g Süßkartoffeln (wie dicke Pommes frites geschnitten) mit etwas Olivenöl, 1 großzügigen Prise gemahlenen Kreuzkümmel und Koriander, Salz und Pfeffer mischen. Die Süßkartoffel-Fritten auf einem Backblech verteilen und 20 Minuten im Ofen backen, bis sie weich sind. Inzwischen in einer großen Schüssel 4 Tomaten (fein gehackt), 1 kleine rote Zwiebel (gehackt), 1 Chilischote (fein gehackt), den Saft von 1 Limone und einige Blätter Koriandergrün mischen. Die Süßkartoffel-Fritten mit der Salsa servieren.

Für 2 Liter

WARMER GEWÜRZ-CIDRE

von Jamie Oliver

© David Loftus

ZUTATEN

- 2l Cidre
- 6 Gewürznelken
- 3–4 Sternanis
- 1 Prise Muskatnuss, frisch gerieben
- 1 Stange Zimt
- 1 Vanilleschote, der Länge nach aufgeschlitzt
- Saft von 1 Orange
- Saft von 2 Clementinen
- Saft und Kerne von 1 Granatapfel (siehe Anmerkung Seite 48)
- 4–5 EL Zucker

1 Den Cidre in einen großen Topf gießen und bei schwacher Hitze einige Minuten erhitzen. Gewürze, Säfte und Zucker zugeben und die Temperatur erhöhen. Sobald die Mischung aufkocht, die Temperatur wieder reduzieren, bis die Mischung leicht siedet. 5–8 Minuten ziehen lassen.

2 Erst durch das Ziehenlassen können sich die Aromen entwickeln. Nach Geschmack noch etwas Zucker zugeben, das Getränk sollte aber nicht zu süß werden, sondern es sollte ein harmonisches Verhältnis zwischen den Gewürzen entstehen.

3 Den aromatisierten Cidre in Gläser oder Tassen gießen und lauwarm servieren.

»Dieses Rezept ist wirklich ganz einfach. Kaufen Sie ein paar Flaschen guten Cidre und los geht's«, meint Jamie.

Für 1,5 Liter

ZITRONE-INGWER-BIER

von Christina Mackenzie

© Sam Stowell

ZUTATEN

- 1 daumengroßes Stück Ingwer
- 600 ml Saft von 1 Zitrone
- 150 g Zucker
- 1 l *Ginger Beer* (Ingwerbier)
- 30 cl Rum (nach Belieben)
- Eiswürfel
- 1 Handvoll Himbeeren, zum Garnieren

1 Den Ingwer reiben. Den Zitronensaft in einen Topf gießen. Ingwer und Zucker zugeben, bei schwacher Hitze 5–10 Minuten unter Rühren erhitzen, damit sich der Zucker auflöst.

2 Die Mischung abkühlen lassen und in einen Krug abseihen. Ginger Beer und eventuell Rum zugeben. In Gläser gießen, die mit Eiswürfeln gefüllt sind.

3 Mit Himbeeren garnieren und sofort servieren.

WHISKY & BRANDY

REZEPTE

Horse's Neck • Milch-Punsch • Manhattan mit Vin Santo • Mint-Himbeer-Julep • Sidecar mit Limonade • Brandy Alexander

Für 1 Glas

HORSE'S NECK

von Andy Harris

ZUTATEN

- 1 Teil Whisky
- *Crushed Ice* (zerstoßenes Eis)
- Schale von 1 Bio-Zitrone, zu einer Spirale geschnitten
- *Angostura bitters®* (im Internet erhältlich, siehe rechts)
- Ingwersoda (z. B. Canada Dry®), zum Auffüllen

1 Den Whisky in ein hohes Glas mit Crushed Ice gießen. 1 Stück Zitronenschale und etwas Angostura® zugeben.

2 Nach Geschmack mit Soda auffüllen und sofort servieren.

Angostura ist ein Bitterlikör aus verschiedenen, bitteren Pflanzen, Kräutern und Gewürzen, dessen Rezeptur geheim gehalten wird. Zugeschrieben wird er Dr. Johann Siegert, der diesen »Bitter« im Jahr 1824 zur Behandlung von Verdauungsstörungen erfunden haben soll. Dieses in Trinidad hergestellte braune Würzmittel wird häufig für Cocktails, manchmal auch für Backwaren verwendet.

Der Milch-Punsch, eines der ungewöhnlichsten, aber dennoch beliebten viktorianischen Wintergetränke, ist cremig, ohne zu dickflüssig zu sein. Das Zubereitungsverfahren scheint jeder Logik zu widersprechen, aber vertrauen Sie mir und Sie werden ein faszinierendes Ergebnis erzielen. Dieser Punsch schmeckt bei schwacher Hitze aufgewärmt ausgezeichnet oder auch kalt auf Crushed Ice.

Für 2 Liter

MILCH-PUNSCH

von Nick Strangeway

ZUTATEN

- ½ Ananas
- 10 Koriandersamen
- 3 Gewürznelken
- 1 Stange Zimt
- 1 Sternanis
- 3 grüne Kardamomschoten
- abgeriebene Schale und Saft von 3 Bio-Zitronen
- 650 ml Earl-Grey-Tee
- 225 g Zucker
- 50 cl Whisky
- 500 ml Vollmilch
- Scheiben von 1 Ananas, zum Garnieren

1 Die Ananas schälen und den harten Strunk entfernen. Das Fruchtfleisch hacken. In einem Topf die Gewürze, Zitronenschale und -saft, Ananas und Tee zum Sieden bringen. Die Ananas leicht zerdrücken, anschließend den Zucker unterrühren. Weiterrühren, bis sich der Zucker auflöst. Den Topf vom Herd nehmen. Wenn die Mischung kalt ist, den Whisky zugießen.

2 In einem anderen Topf die Milch langsam aufkochen. Dann die Milch in den Topf mit der Whiskymischung gießen. Keine Sorge, wenn die Milch gerinnt, das soll so sein!

3 Die Mischung langsam durch mehrere Tücherlagen abseihen. In eine Flasche gießen und bis zum Gebrauch an einem kühlen Ort aufbewahren. Kalt oder lauwarm mit Ananasscheiben garniert servieren.

Für 1 Glas

MANHATTAN MIT VIN SANTO

von Fernando Matumato

ZUTATEN

- 1 Bio-Orange
- Eiswürfel
- 5 cl *Rye Whisky* (amerikanischer oder kanadischer Whisky, siehe rechts)
- 3,5 cl *Vin Santo* (italienischer Dessertwein)

1 Von der Orange die Schale abschälen und teilweise klein schneiden. In einen Shaker geben und mit einem Holzlöffel zerdrücken, um die ätherischen Öle freizusetzen.

2 Eiswürfel in den Shaker füllen und Whisky und Vin Santo zugießen. Etwa 1 Minute schütteln, dann die Mischung abseihen und in ein kaltes Martiniglas gießen. Vor dem Servieren mit Orangenschale garnieren.

SPECKPFLAUMEN

24 Pflaumen der Länge nach aufschneiden und den Kern entfernen. Jede Pflaume mit einer gesalzenen Mandel füllen, anschließend die Pflaumen jeweils mit 1 ½ Scheibe Räucherspeck umwickeln. Die Pflaumen auf ein mit Backpapier ausgelegtes Backblech legen, zudecken und in den Kühlschrank stellen. Vor dem Servieren das Blech aus dem Kühlschrank nehmen, den Backofen auf 190 °C vorheizen. Die Pflaumen 15–20 Minuten im Ofen braten, bis der Speck knusprig ist. Sofort zum Cocktail servieren.

Rye Whisky bezeichnet einen Whisky, der trockener und fruchtiger ist als der Bourbon Whisky (siehe Seite 82) und aus einer Getreidemischung hergestellt wird, die mindestens 51 % Roggen enthält.

Für 1 Glas

MINT-HIMBEER-JULEP

von Phillippa Spence

ZUTATEN

- 8 Minzeblätter
- 1 Handvoll Himbeeren
- 1 TL Zuckersirup (siehe Seite 15)
- Eiswürfel
- 5 cl *Bourbon Whisky* (siehe rechts)
- *Crushed Ice* (zerstoßenes Eis)

1 In einem Glas die Minzeblätter und die Himbeeren mit einem Stößel zerdrücken und mit dem Zuckersirup verrühren. 10 Minuten ziehen lassen.

2 Die Minzeblätter herausnehmen, die Mischung abseihen und in ein sauberes Glas gießen.

3 Eine kleine Handvoll Eiswürfel hineingeben und den Bourbon dazugießen. Mischen und das Crushed Ice zugeben.

Bei diesem klassischen Cocktail-Rezept sorgen die frischen Himbeeren für einen sommerlichen Touch.

Bourbon bezeichnet einen amerikanischen Whisky. Neben seinem Geschmack unterscheidet er sich vor allem vom schottischen Whisky (Scotch) durch das Herstellungsverfahren und die Zusammensetzung (mindestens 51% Mais). Seinen Namen hat er vom Bourbon County im US-Bundesstaat Kentucky, wo er hauptsächlich hergestellt wird.

Für 1 Glas

SIDECAR MIT LIMONADE

von Jamie Oliver

ZUTATEN

- 3 EL Zucker + etwas Zucker zum Garnieren
- Saft von 2 Zitronen + 1–2 Scheiben von 1 Bio-Zitrone zum Garnieren
- 50g Wassermelone oder Erdbeeren
- 5cl Cognac
- 2,5cl Orangenlikör (z.B. Cointreau®)
- Eiswürfel

1 In einer Schüssel den Zucker in 3 Esslöffeln kochendem Wasser auflösen. Die Mischung in den Mixer gießen. Den Zitronensaft und das Fruchtfleisch der Wassermelone oder die Erdbeeren untermixen. Sie können die Zutaten aber auch direkt in der Schüssel mit einem Stabmixer pürieren.

2 Die Mischung in einen Shaker füllen und den Alkohol sowie einige Handvoll Eiswürfel zugeben. Den Shaker schließen und kräftig schütteln.

3 Den Cocktail abschmecken, nach Belieben noch etwas Zitronensaft zugeben. Den Rand des Glases mit 1 Zitronenscheibe abreiben. Auf einen Teller oder eine Untertasse Zucker geben, das Glas umdrehen und den Rand in den Zucker drücken. Zitronenscheiben in das Glas geben und den Cocktail hineingießen.

FISCHKROKETTEN

Den Backofen auf 220 °C vorheizen. 450g Seezungenfilet (ohne Haut) in fingerdicke Streifen schneiden. Ein Backblech leicht einölen. 50g Mehl mit Salz und Pfeffer würzen und auf einen Teller geben. 2 Eier in eine tiefe Schüssel aufschlagen und verquirlen, auf einem anderen Teller 1 Esslöffel Paprikapulver mit 2 Handvoll Paniermehl mischen. Die Fischstücke im Mehl wälzen, in das verquirlte Ei tauchen und anschließend im Paniermehl wälzen. Auf das Backblech legen und 10–15 Minuten im Ofen backen, bis die Fischkroketten gebräunt sind. Die Kroketten mit Sauce tartare, Aioli oder Ketchup zum Cocktail servieren.

Für 1 Glas

BRANDY ALEXANDER

von Andy Harris

ZUTATEN

- 1 Teil Cognac
- 1 Teil Crème de Cacao
- 1 Teil Crème fraîche
- Eiswürfel
- Muskatnuss, frisch gerieben

1 Cognac, Crème de Cacao und Crème fraîche mit den Eiswürfeln in einen Shaker geben. Kräftig schütteln.

2 Abseihen und in ein kaltes Cocktailglas gießen. Vor dem Servieren etwas geriebene Muskatnuss darüberstreuen.

Wie die meisten Cocktails, die mit Crème fraîche zubereitet werden, muss dieser Cocktail eisgekühlt serviert werden. Sie können auch 2 Kugeln Vanilleeis mit in den Shaker geben.

REZEPTREGISTER

ZUTATENREGISTER

INHALTSVERZEICHNIS

AUTOREN

Laura Fyfe
S. 12, 65
Kevin Gould
S. 26
Andy Harris
S. 15, 16, 22, 23, 24, 32, 35, 48, 50, 52, 53, 57, 60, 78, 87
Anna Jones
S. 54, 73
Christina Mackenzie
S. 75
Fernando Matumato
S. 81
Kate McCullough
S. 18
Jamie Oliver
S. 67, 74, 84
Andrew Parkinson
S. 21
Matthew Roher
S. 58
Ginny Rolfe
S. 36
Georgie Socratous
S. 30, 40, 42
Phillippa Spence
S. 64, 82
Nick Strangeway
S. 44, 45, 68, 69, 70, 79

BILDNACHWEIS

ORIGINALAUSGABE
Rezepte und Fotos aus *Jamie Magazine* veröffentlicht in Großbritannien

Chefredakteur: Andy Harris
Lektoratsleitung: Paul Dring
Herstellungsleitung: Adrienne Pitts
Lektoratsassistenz: Clare Knivett
Unter der Leitung von: Jamie Oliver

FRANZÖSISCHE AUSGABE

Leitung: Catherine Saunier-Talec
Leitung Lektorat: Anne la Fay
Lektorat: Caroline Terral
Übersetzung: Céline Petit
Korrektorat: Nelly Mégret
Responsable artistique : Antoine Béon
Cover- und Innengestaltung: Nicole Dassonville
Réalisation: les PAOistes

FÜR DIESE AUSGABE

Bereich Sondervertrieb
Nr. 2014-SS-009

Aus dem Französischen von: Christa Trautner-Suder, Weilheim
Gesamtherstellung dieser Ausgabe: bookwise GmbH, München

Druck: Polygraf Print spol. s r. o., Slowakische Republik

Besuchen Sie uns im Internet
www.dorlingkindersley.de

In dieser Reihe erschienen

jamie & friends